Tina

Eine Geschichte für jeden Tag

Text von Aline de Pétigny
Illustrationen von Nancy Delvaux
Übersetzung von Harald Scheel

Hemma Verlag

Tinas kleines Missgeschick

– Komm, Max, beeil dich! Wir fahren zu Oma und Opa, das wird bestimmt lustig. Und im Auto verrate ich dir ein Geheimnis...

– Julia hat sich gestern in der Schule in die Hosen gemacht. Die Lehrerin hat gesagt, dass das jedem passieren kann.

– Aber Peter meinte, dass sich nur kleine Babys
in die Hosen machen, und jetzt denken alle,
dass Julia noch ein Baby ist.

– Und heute war Julia
nicht in der Schule.
Vielleicht muss sie
ja jetzt Windeln
tragen und aus der
Nuckelflasche trinken?

Ich mag Julia
aber trotzdem,
selbst wenn sie
jetzt ein Baby ist.

– Was flüsterst du Max denn da alles ins Ohr, Tina?
– Ach, gar nichts. Ich habe ihm nur gesagt, dass wir gleich da sind.

Kurz darauf ist die ganze Familie bei Oma und Opa vereint. Es ist wirklich lustig, alle erzählen sich, was in letzter Zeit so passiert ist, und lachen dabei. Die Kinder laufen inzwischen in den Garten, um Versteck zu spielen.

– Tina, wo bist du?, ruft Tobias ein paar Minuten später. Du kannst 'rauskommen, du hast gewonnen.

Doch Tina traut sich
nicht heraus. Ihr
ist vor Aufregung
dasselbe wie Julia
passiert... Und nun
hat sie Angst, dass
alle sie auslachen werden.

– Tina, Oma ruft uns. Es gibt Kuchen.
Komm doch endlich 'raus!

Doch Tina bleibt hinter dem Holzstapel hocken
und dicke Tränen laufen ihr übers Gesicht.

– Mama wird mir Windeln anlegen
und statt der leckeren Erdbeertorte
werde ich eine Nuckelflasche
bekommen, denkt sie verzweifelt.

Und wie sie so überlegt,
was nun werden soll,
steht Mama plötzlich
hinter ihr...

– Warum bist du denn nicht aus
deinem Versteck gekommen?
Alle machen sich schon Sorgen.
Komm, wir gehen ins Haus.

– Nein, ich will nicht!
– Was ist denn los?
Geht's dir nicht gut?
– Ich... ich habe mir
in die Hosen gemacht,
stammelt Tina ganz leise.

– Das ist doch nicht so schlimm, tröstet sie Mama. Ich habe Wechselsachen mitgebracht und du ziehst dich einfach um, bevor wir zu den anderen gehen.

– Bin ich jetzt wieder ein
Baby?, fragt Tina ängstlich.

– Wie kommst du denn darauf? Kleinen Kindern
kann das schon mal passieren. Du warst einfach zu
sehr mit deinem Versteckspiel beschäftigt, das ist alles.

– Du wirst mir also keine Windeln anziehen und
mir keine Nuckelflasche geben?
– Natürlich nicht, lacht Mama und
nimmt Tina in die Arme.

Tina ist erleichtert und wirft
Max vor Freude in die Luft.

– Ich nehme gleich zwei Stück
Erdbeertorte, ruft sie, eins für
mich und eins für Max!

Tinas Alptraum

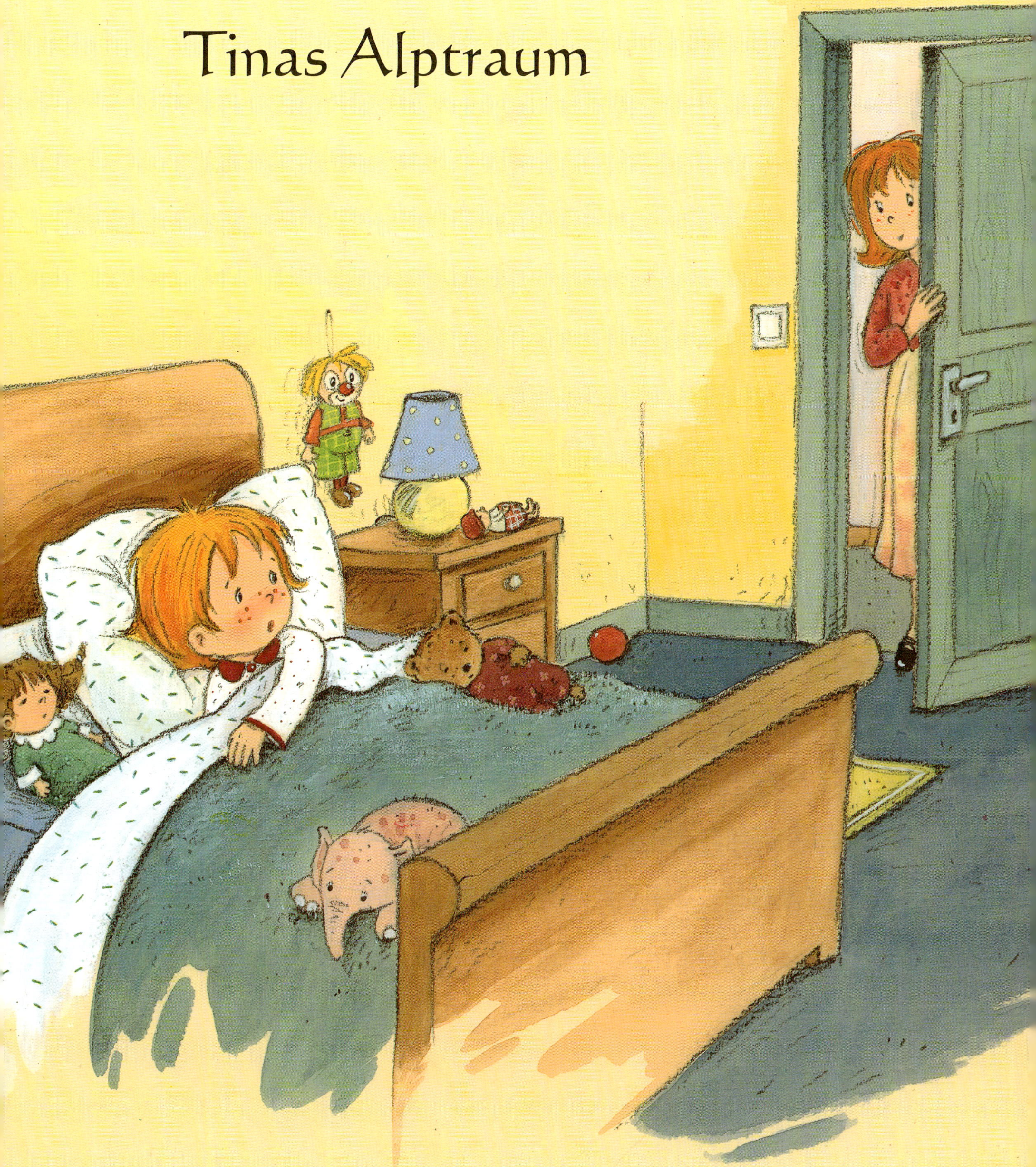

– Guten Morgen, Liebling, sagt Mama, die Tina wecken kommt. Hast du gut geschlafen?

– Nein, antwortet Tina und reibt sich die Augen.
Ich habe etwas ganz Schlechtes geträumt.
– Ach so? Was denn?, fragt Mama.

– Das sage ich nicht, antwortet Tina mit Tränen in den Augen.
– Na, dann erzähle es doch Max.
– Dem schon gar nicht, der ist nämlich ganz böse!

– Wie kommst du denn darauf, dass dein Teddy plötzlich böse sein soll?, fragt Mama.
Doch Tina antwortet nicht und dreht Max den Rücken zu.
– Na komm, Tina, erzähl mir schon, was du geträumt hast, sonst bleibt der Alptraum in deinem Kopf. Wenn du ihn mir erzählst, geht es dir danach bestimmt besser.

– Wirst du auch nicht über mich lachen?, fragt Tina.
– Natürlich nicht!, meint Mama, und so erzählt Tina von ihrem Traum...

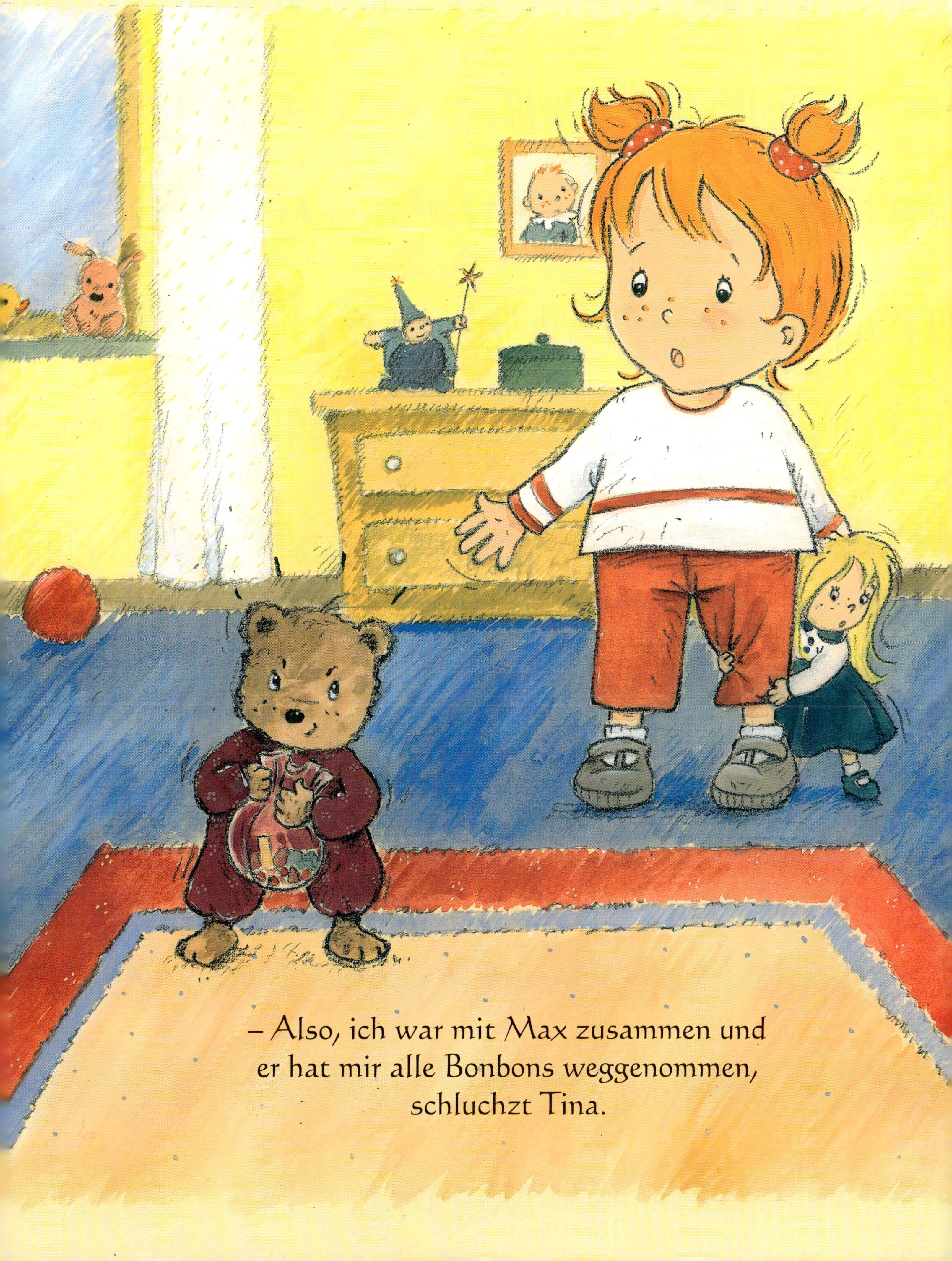

– Also, ich war mit Max zusammen und
er hat mir alle Bonbons weggenommen,
schluchzt Tina.

– Und dann hat er alle meine Bilder zerrissen und meine Puppen an den Haaren gezogen. Und du warst auch noch böse zu mir und wolltest mir kein neues Fahrrad kaufen…

– Armer Liebling, tröstet sie Mama und nimmt sie in die Arme. Was für ein böser Traum!

– Aber du weißt doch, dass Max
immer ganz lieb ist.
– Das ist nicht wahr! Er hat meine Bonbons
gegessen und war ganz böse zu meinen
Puppen.

– Ja, in deinem Alptraum. Aber in Wirklichkeit hat er doch gar nichts getan und ich bin doch auch nicht böse, oder?

– Wo hast du denn deine Bonbons?, fragt Mama.
– In dem rosa Kästchen auf dem Regal, antwortet Tina.

Mama nimmt das Kästchen, öffnet es
und hält es Tina unter die Nase.
– Oh! Da sind ja noch alle Bonbons.
– Und hier auf der Kommode liegen
auch deine Zeichnungen, ruft Mama
und schmunzelt.

– Da hat Max ja
wirklich nichts
Böses getan!,
strahlt Tina
und nimmt ihren Teddy
liebevoll in den Arm.

– Und wenn Max meine Bonbons nicht gegessen und meine Zeichnungen nicht zerrissen hat und auch zu meinen Puppen nicht böse war, dann heißt das ja, dass ich mich sogar noch riesig freuen kann!
– Worauf denn?, fragt Mama.

Na auf das neue Fahrrad, das du mir schenkst...

Tina will sich nicht waschen

– Tina, Liebling, dein Badewasser ist fertig!, ruft Mama.

– Nein, nicht schon wieder.
Ich habe doch gestern
erst gebadet!

Ich will mich nicht
waschen, wozu soll
das gut sein...

Vielleicht laufe ich ja
sogar ein, wie der Pulli
von Martin. Zu viel
Wasser ist bestimmt
gar nicht gut!

– Erzähl keinen Unsinn, meint Mama. Regelmäßiges Waschen ist sehr wichtig und man läuft davon nicht ein.
– Und ob!, meint Tina. Sieh dir nur Opa an. Er war früher viel größer. Jetzt ist er ganz klein. Er hat sich bestimmt zu oft gewaschen.

– Was du dir da wieder ausdenkst, das ist doch nur das Alter!, sagt Mama. Schau lieber mal in den Spiegel, wie du aussiehst…

– Dein Gesicht und deine Hände sind schmutzig und die Füße sehen auch nicht besser aus. Und außerdem riechst du nicht gerade gut und...

Da klingelt das Telefon.
– Rühr dich nicht vom
Fleck, sagt Mama und geht
ins Wohnzimmer.
Ich bin gleich wieder da.

– Mama passt beim Waschen gar nicht auf, klagt Tina ihrem Teddy. Sie wäscht sogar Stellen, die gar nicht schmutzig sind. Am besten, ich mache es selbst...

– Ein bisschen Wasser
und Seife auf die
Nase...

... dann ein bisschen
reiben und fertig!

– Und mit den Händen und Füßen mache ich es genauso. Und schon ist alles sauber und ich muss nicht erst in die Badewanne… Da wird sich Mama aber freuen.

– Noch ein bisschen von ihrem Parfum.
Riecht zwar etwas seltsam, aber Mama
scheint es ja zu gefallen.

– Da bin ich wieder!, sagt Mama, als sie das Badezimmer betritt. Na dann ab mit dir in die Badewanne...

– Nicht mehr nötig. Ich bin sauber und dufte sogar.
– Stimmt nicht, deine Füße sind immer noch schmutzig.

– Und wonach riecht das denn hier eigentlich so sonderbar?
Tina, was hast du denn mit dem Insektenschutz gemacht?

– Aaahh! Schnell, Mama, ich will in die Badewanne!

Tina geht zum Arzt

– Du, Max, Mama geht gleich mit mir zum Arzt...

Sie hat mir gesagt, dass er mir eine Spritze geben wird, dass es aber überhaupt nicht wehtun wird.

Ich weiß aber, dass es wehtun wird. Klaus hat es mir gesagt. Es soll fürchterlich wehtun!

– Danach hat der Doktor ihm ein Bonbon geschenkt. Nicht schlecht, aber Bonbons bekomme ich von Oma auch ohne Spritze! Dann hat Tina eine Idee...

– Mama!, ruft
sie und läuft
die Treppe
hinunter. Max
will für mich
zum Arzt gehen.
Er kann mir
dann einfach das
Bonbon mitbringen.
Er mag ja keine.

– Das geht doch nicht.
Du brauchst
doch die Impfung
und nicht Max.
– Na ja, so etwas
habe ich mir
schon gedacht,
seufzt Tina.

Eine Stunde später sitzt Tina im Warteraum der Arztpraxis.
– Du, Mama, habe ich dann nach der Spritze für immer
ein Loch im Arm?, fragt sie ganz leise ihre Mutter.

– Natürlich nicht. Du kommst aber auch immer auf Ideen!
Ein ganz kleiner roter Fleck wird zu sehen sein, das ist alles.

– Mama, gibt mir der Doktor
auch ein Bonbon, wenn ich
ganz laut weinen muss?
– Ganz bestimmt,
mein Liebling.

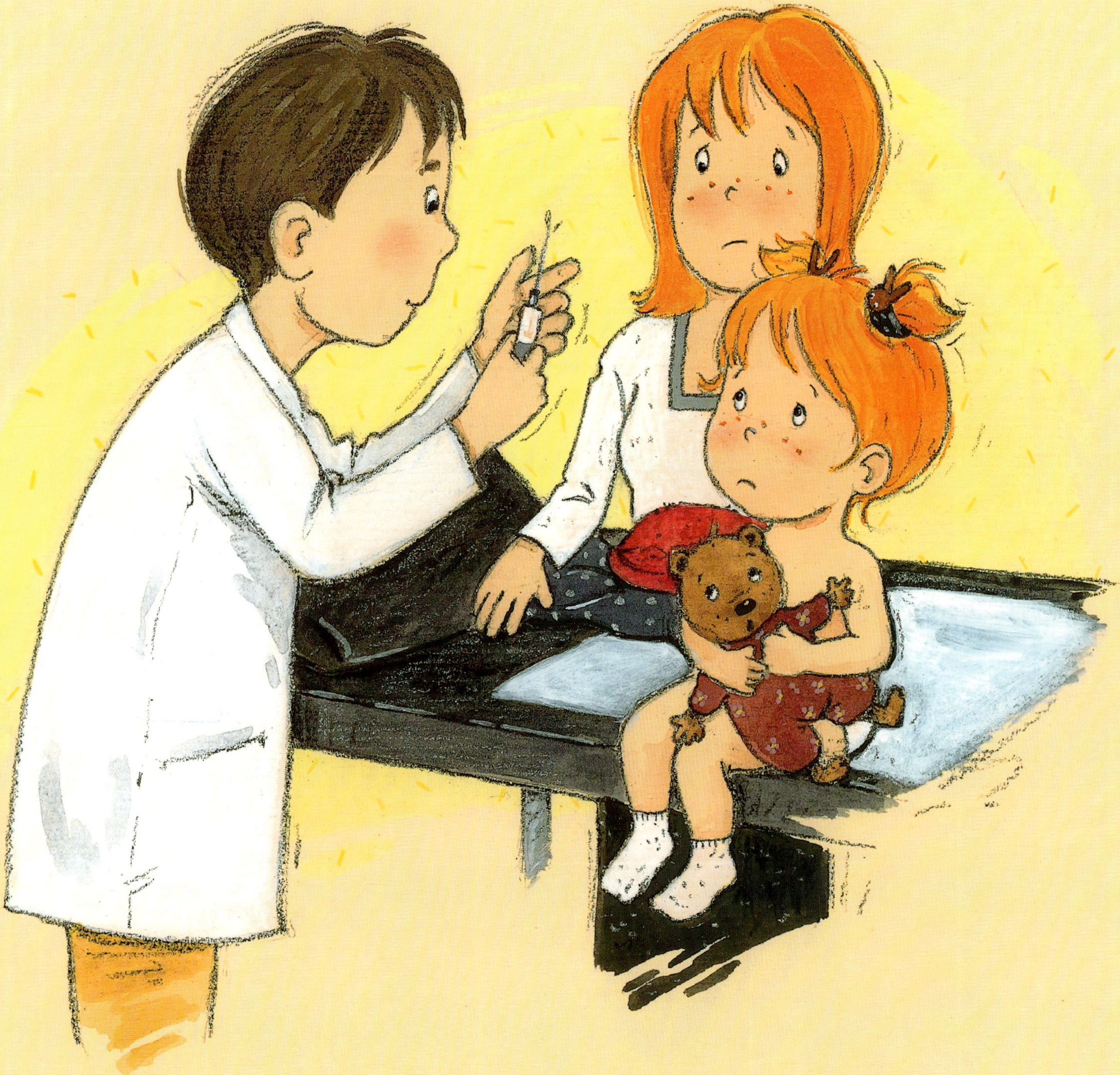

Kurz darauf ist Tina an der Reihe.
Als sie die Spritze sieht, drückt sie Max
ganz fest an sich.

– Na, Tina, du hast wohl
doch ein bisschen Angst?
– Ja, antwortet sie schüchtern,
ein bisschen schon...

– Brauchst du aber nicht, es tut nur ganz kurz weh.
Komm, wir zählen beide bis drei...

Und ehe Tina sich versieht, ist auch schon alles vorbei.

– Das hat ja gar nicht wehgetan!, sagt Tina stolz.
Bekomme ich jetzt ein Bonbon?

– Leider habe ich kein einziges mehr!
Ich habe gestern Abend das letzte
verschenkt. Jetzt muss ich
erst neue kaufen...

Das macht doch nichts. Ich habe sowieso die Bonbons mitgebracht, die Mama mir vorhin geschenkt hat. Ich könnte ja ein paar für die anderen Kinder hier lassen?

Tina geht in den Park

Tina sitzt beim Frühstück, schlürft genüsslich
ihre Tasse Milch und sagt zu ihrer Mutter:
– Mama, wann gehen wir endlich zu
der neuen Rutschbahn im Park?

– Aber das weißt du doch, sobald schönes Wetter ist.
– Und wie schön muss das Wetter sein? Sehr schön oder reicht auch schon ein bisschen schön?

– Na ja, ein bisschen würde vielleicht schon reichen, antwortet Tinas Mutter.

– Au prima, im Wetterbericht haben sie gerade gesagt, dass es heute nicht regnen soll. Gehen wir zu der neuen Rutschbahn, bitte?

Tinas Mutter schmunzelt und gibt sich geschlagen.
– Na gut, heute Nachmittag, und Martin nehmen wir mit.

Tina freut sich,
meint aber,
dass ihr Cousin
Martin vielleicht
noch zu klein für die
Rutschbahn sei.

Am Nachmittag kommt Martin mit seiner Mutter, und nachdem Tina noch ihr Dreirad für den großen Ausflug vorbereitet hat, kann es losgehen...

Tina kann es kaum erwarten, die neue Rutschbahn zu sehen, und fährt mit ihrem Dreirad einige Meter voraus. Es geht ihr alles noch viel zu langsam!

– Immer mit der Ruhe, ruft ihre Mutter. Die Rutschbahn läuft dir schon nicht davon...

Dann endlich sind sie auf dem Spielplatz im Park angekommen. Tina fragt noch nach einem Bonbon, aber Mama meint, die seien für später vorgesehen.

– Tina, ruft ihr Cousin, der schon vorgelaufen ist. Wollen wir gleich rutschen?

Was für eine Frage! Begeistert läuft sie Martin hinterher.

Beide klettern auf die Rutschbahn,
doch als sie oben sind,
fangen Tinas Beine plötzlich an zu zittern...

– Das ist ja so hoch,
von unten sah es viel
niedriger aus, murmelt
sie vor sich hin.

Und große Tränen laufen ihr übers Gesicht.

– Nun rutsche schon, macht ihr Martin Mut.
– Nein ich will nicht. Ich gehe wieder runter...
– Das geht nicht, hinter uns sind zu viele andere, du musst rutschen, meint Martin.

Aber Tina bleibt mit schlotternden Knien stehen.
– Wenn du willst, rutschen wir zusammen,
flüstert ihr Martin ins Ohr.

– Ja, das geht vielleicht, aber wie?

– Setz dich einfach hin, ich setze mich dahinter und halte dich fest.

Und schon rutschen
die beiden zusammen hinunter.

– Vielen Dank, meint Tina unten und gibt ihrem kleinen Cousin einen Kuss.

Am nächsten Tag gesteht Martin ihr, dass er auch Angst hatte und froh war, nicht allein rutschen zu müssen...

Doch Tina meint da nur:
– Angst hatte ich überhaupt nicht,
es war nur etwas mit meinen Beinen...

Tina und der Pirat

– Hast du Max nicht mit ins Bett genommen?,
fragt Mama, als sie Tina gute Nacht sagen will.
– Nein, lautet die knappe Antwort.
– Na ja, du bist ja auch schon ein großes Mädchen,
du brauchst sicher keinen Teddy mehr zum Einschlafen.
Gute Nacht und schlaf gut!

Aber als sie gerade das Licht ausmachen will,
sieht sie eine dicke Träne über Tinas Gesicht laufen.
– Was hast du denn, mein Liebling?, fragt sie besorgt.

– Es ist wegen Max, ruft Tina und fängt an zu weinen.
– Wegen Max?, fragt Mama erstaunt.
– Ja, er ist böse!

– Böse? Mama nimmt Tina in den Arm.
Aber was hat er denn gemacht?
– Nichts!, lautet die seltsame Antwort und Tina weint immer mehr.

– Aber warum sagst du dann, er sei böse?
– Er schaut mich gar nicht mehr lieb an,
ruft Tina und kriecht unter die Bettdecke.

– Und wo ist Max jetzt?, fragt Mama.
– Im Garten unter dem Laubberg. Eigentlich wollte ich ihn in den Mülleimer werfen, aber er hat mich so böse angesehen, dass ich mich nicht getraut habe.

Mama geht mit Tina in den Garten und findet Max tatsächlich unter dem Laub.
– Der Ärmste, sieh nur, er hat ein Auge verloren...

– Ja, er sieht wie ein böser Pirat aus, ruft Tina.
Er macht mir Angst. Mama lächelt:
– Aber das sieht doch nur so aus, weil er eben nur
noch ein Auge hat. Glaub mir, Schatz, er ist nicht böse.

– Doch, ruft Tina, er ist böse, sieh nur, wie er
jetzt schon wieder guckt! Das ist nicht mehr mein Max.
Ich will ihn nicht mehr bei mir haben!

– Aber überleg doch mal, Tina. Wenn du hinfällst und ganz zerkratzt und weinend vor mir stehst, bist du deswegen doch auch nicht böse. Du bleibst mein Liebling und ich tröste dich.
Das sieht Tina ein und senkt den Kopf.

– Siehst du, und bei Max ist es nichts anderes.
Er hat sich wehgetan und sein Auge verloren.
Deswegen ist er noch lange nicht böse. Wenn
du ihn genau anschaust, sieht er eher traurig aus.
Tina nähert sich Max vorsichtig und meint:
– Ein bisschen traurig sieht er wirklich aus.

– Wo ist denn sein Auge?, fragt Mama.
– Im Kamin, sagt Tina kleinlaut.
– Na dann nimm deinen Max und komm mit ins Wohnzimmer. Ich nähe ihm sein Auge einfach wieder an.

Kurz darauf sitzt Mama in dem großen Sessel im Wohnzimmer und näht Max das Auge an.

Als sie fertig ist, strahlt Tina. Max schaut sie wieder freundlich wie immer an.

Tina nimmt ihren Max in den Arm
und gibt ihm einen dicken Kuss.
– Bitte verzeih mir, Max, flüstert sie ihm ins Ohr.
Ich werde dich in Zukunft
auch gern haben, wenn du
nur ein Auge hast... aber
mit zweien gefällst
du mir doch besser!

Tina hat sich verliebt

– Seit Montag ist ein neuer Junge in unserem Kindergarten, sagt Tina eines Morgens.
– Ach so? Wie heißt er denn?
– Pierre, ein komischer Name, aber er ist sehr nett.

– Maria sagt, er sei in sie verliebt, aber das stimmt nicht, erzählt Tina weiter, als sie die Treppe hinuntergeht.

– Ach so?, fragt Mama und lächelt dabei...
– Sie sagt sogar, dass er sie heiraten will. Aber sie erzählt ja öfter dummes Zeug.

– Und außerdem hat Maria ja schon einen Freund, sagt Tina zu Max, nämlich Thomas, und da ist ja klar, dass sie den heiraten muss, oder?

– Und wen liebt dieser Pierre nun?, fragt Mama.
Da wird Tina plötzlich ganz rot.
– Ich glaube mich, sagt sie und vergräbt ihre Nase
in der Tasse.

– Und du, hast du ihn auch gern?, fragt Mama später im Badezimmer.
– Ich glaube schon. Er kann nämlich von allen Jungen am schnellsten laufen und ist auch am nettesten zu den Mädchen. Und dann...

– Und dann hat er mir seine schönste Glasmurmel geschenkt. Sie glitzert innen drin. Er hatte nur eine einzige davon und die hat er mir geschenkt...

Als es ans Anziehen geht, bittet sie:
– Darf ich heute mal das neue Kleid anziehen?
– Na klar, wenn du möchtest, antwortet Mama schmunzelnd.

Und als Mama ihr die Haare
kämmt, fragt sie:
– Kannst du mir nicht zwei
hübsche Schleifen ins Haar
binden?
Mama hat natürlich
nichts dagegen.

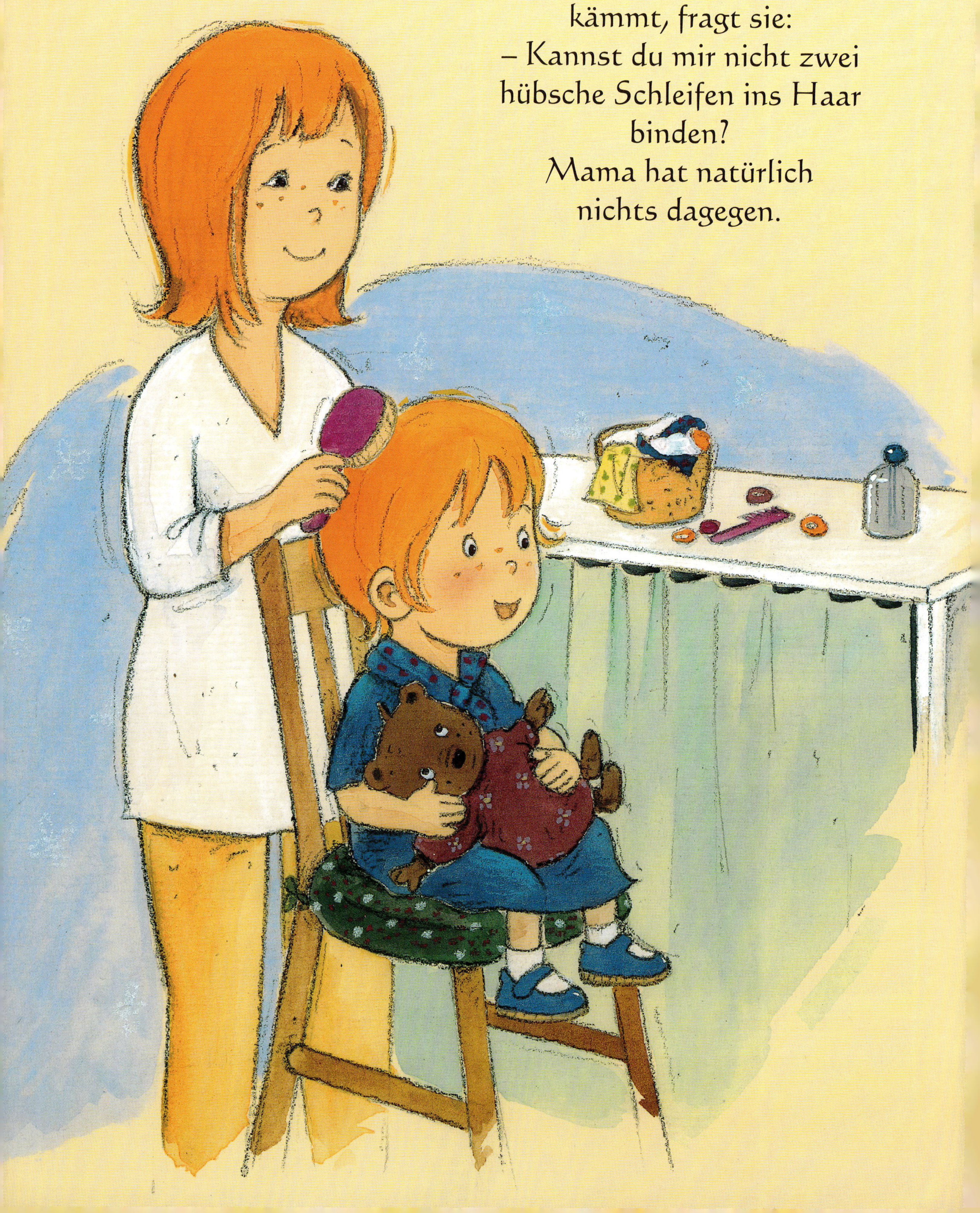

Dann fragt sie zur Sicherheit noch ihren Papa,
ob sie denn auch hübsch aussieht. Und Papa sagt:
– Du bist die hübscheste von allen.
– Glaubst du, dass Pierre mich auch hübsch findet?

– Wer?, fragt Papa überrascht.
– Na Pierre, ich will ihn heiraten.
Glaubst du, dass er mich hübsch findet?
– Ganz bestimmt,
macht ihr Papa Mut.
Wenn ich noch klein wäre,
würde ich mich ganz
bestimmt in dich verlieben.
– Das geht doch gar nicht, du
bist doch mein Papa, lacht Tina.

Als Tina diesen Morgen in den Kindergarten kommt, mit ihrem hübschen Kleid und den Bändern im Haar, schlägt ihr Herz ein wenig lauter als sonst. Da sieht sie Pierre, der ihr zuwinkt.

– Willst du mit uns spielen?, ruft ihr neuer Freund sofort. Was für eine Frage, natürlich will sie, und so stellt sie ihre Tasche gleich in die Ecke und läuft zu ihm.

Und bald darauf sitzen sie beim Versteckspiel wie zufällig hinter der kleinen Hofbank, wo die Kinder ihre Sachen ablegen, und Pierre flüstert ihr zu: Ich will dich heiraten und nicht etwa Maria, die das überall 'rumerzählt.

– Das weiß ich doch, sagt Tina glücklich. Maria erzählt doch nur Unsinn. Hier, ich schenke dir meinen schönsten Stift, sagt sie und holt das Geschenk aus ihrer Tasche.

Der ist ja toll, meint Pierre.
Sag mal, Tina...

Wollen wir uns einen Freundschaftskuss geben, du weißt schon, so mit den Nasen. Tina schließt verträumt die Augen...